J 398.20967 AHM
Ahmed, Said Salah.
The lion's share : a Somali
folktale = Qayb libaax /

NOV 1 3 2007

DISCARDED
OUTDATED, REDUNDANT
MATERIAL

PALM BEACH COUNTY
LIBRARY SYSTEM
3650 SUMMIT BLVD.
WEST PALM BEACH, FL 33406

D1267052

The Lion's Share

A Somali Folktale

retold by
Said Salah Ahmed

illustrated by
Kelly Dupre

Qayb Libaax

DISCARDED
OUTDATED, REDUNDANT
MATERIAL

MINNESOTA HUMANITIES COMMISSION • SOMALI BILINGUAL BOOK PROJECT

The Somali Bilingual Book Project is dedicated to all refugee children and their families. Many thanks to those who shared their stories to make this project possible.

Mashruuca Buuggaga af-Soomaaliga ee labada-af ah, waxa loo hibayey dhamaan carruurta qaxootiga ah oo dhan iyo qoysaskooda. Way ku mahadsan yihiin dadkii sheekooyinkooda noo soo bandhigay ee suurta galiyey hirgelinta mashruucan.

The Lion's Share / *Qayb Libaax*
Text and illustrations copyright © 2007 by the Minnesota Humanities Commission (MHC)

Printed in the United States of America. *Waxaa lagu daabacay United States of America.*

All rights reserved.
No part of this book may be reproduced by any means without the written permission of the publisher.
Buugaan waxa ku qoran qaybna dib looma daabaci karo marnaba iyada oo aan ogolaasho qoraal ah laga helin soo saaraha.

Minnesota Humanities Commission / Somali Bilingual Book Project
987 East Ivy Avenue, Saint Paul, MN 55106
www.minnesotahumanities.org

Somali text writer: Said Salah Ahmed
Somali text review team: Amira Ahmed, Greater Minneapolis Daycare Association; Fadumo Ali, Minneapolis Way to Grow; Zainab Hassan, Minnesota Humanities Commission; Ikran Mohamud, Saint Paul Early Childhood Family Education; and Mohamed Mohamud, Minneapolis Public Schools
Book design and production: Interface Graphics
Somali Bilingual Book Project Director: Kathleen Moriarty, Minnesota Humanities Commission

The text is set in Marco Polo and Hoosker Don't.
The illustrations are linoleum block prints painted with acrylic gouache.
The Somali Bilingual Book Project is a component of the Minnesota Humanities Commission's Bilingual and Heritage Language Programs. These programs develop families' English literacy skills while recognizing and supporting the role of families' home language in early literacy development. Reaching out to K-6 teachers, parent educators, early childhood educators, librarians, social service providers, and other literacy professionals, Bilingual and Heritage Language Programs develop materials and training to fill existing gaps in culturally and linguistically appropriate resources. The Somali Bilingual Book Project initially includes publication of four traditional Somali folktales—*The Lion's Share, The Travels of Igal Shidad, Wiil Waal,* and *Dhegdheer*—in hardcover and paperback editions and a dual-language audio recording of all four stories.

Visit www.minnesotahumanities.org to download free online resources for use in educational settings.

The Minnesota Humanities Commission would like to thank the following people for making these books possible: MHC's Somali Bilingual Book Project Advisory Committee: Abdisalam Adam, Saint Paul Public Schools; Nasra Aden, Saint Paul Public Schools; Maryan Ali, Minneapolis Public Schools; Marian Hassan, Minnesota Literacy Council; Mohamed Hassan, Minneapolis Public Library; Julie Nelson, Owatonna Public Schools; and Pat Thomas, Marshall Adult Basic Education; the project writers and illustrators: Said Salah Ahmed, Amin Amir, Betsy Bowen, Kelly Dupre, Marian Hassan, Kathleen Moriarty, and Abdulaziz Osman; Somali text reviewers; and the families who contributed story ideas and project feedback. Thanks to Lynn Marasco, Chris Heppermann, and MHC staff for their assistance with final touches.

Library of Congress Control Number: 2005938066

ISBN-10: 1-931016-12-7   ISBN-13: 978-1-931016-12-4 hardcover
ISBN-10: 1-931016-13-5   ISBN-13: 978-1-931016-13-1 softcover

1 3 5 7 9 10 8 6 4 2
First Edition

AUTHOR'S NOTE

The Lion's Share is one of the most widely known animal fables throughout Somalia. It is told for entertainment but also for its wisdom about the misuse of power. At different times in history the folktale was retold in poems, songs, and other prose.

The phrase "the lion's share" can be used positively in everyday Somali language to mean that someone has done more than expected. It can also be used negatively to mean that someone has taken more than a fair share. Different versions of this story and this phrase can be found in many folklore traditions around the world.

EREYGA QORAAGA

Qayb Libaax waa sheeka xariiro ka mid ah kuwa ugu caansan ee lagaga sheekeysto dhulalka Soomaalidu degto. Sheekadan waxaa looga sheekeeyaa maaweelo iyo weliba murti ahaanba marka la tilmaamayo amar ku taaglayn iyo ku gefka awood xukun. Waqtiyo kala duwan ayaa taariikhda, sheeka xariirada lagu tebiyey gabayo, heeso iyo murti tiraab ah.

Oraahda "qayb libaax" waxaa loo adeegsan karaa si togan ama toosan luqada maalin kasta lagu hadlo ee af-Soomaaliga, iyada oo macna ahaan looga jeedo in qof hawl ka qaatay kaalin weyn ama mid aan laga filayn. Waxa kale oo loo adeegsadaa si taban oo gurac ah, marka loo jeedo in qof iska qaatay qayb uusun xaq u lahayn. Siyaabo kala duwan ayaa sheekada iyo oraahda "qayb libaax" looga helaa sheeka xariirooyinka hidde meelo badan ee goonyaha adduunka.

What luck on such a bright day!
The beasts of prey were hunting together in the
forests of Somalia. Late in the afternoon they
found a big fat camel.

Maalin cad oo cawo iyo ayaan leh! Waxa ay u ahayd, bahalaha hilib cunka ah oo wadajir uga ugaarsanayey ayda jiqda ah ama duurduurka hawdka Somaaliyeed. Goor galab ah ayey heleen tulud geel ah oo gool ah.

The beasts attacked and, chasing the camel away from the rest of the herd, they caught it and killed it.

Bahalihii hororka ahaa waxa ay wada weerareen neefkii geela ahaa, inta ay cayrsadeen oo ay hareereeyeen, bay kala hareen geela intiisii kale, markaas ayey qabteen oo disheen.

Then, together, they dragged the
camel's body under a shady acacia
tree at the dry riverbed.

Ka dib, raqdii neefka ayey u jiiteen geed qudhac ama aqab damal ah oo togga ku dhex yaal harkiisii.

Gathering around their kill, each of them waited patiently for a bite. In spite of their hunger, none dared to touch the meat without the lion's permission. The lion roared, raising his bushy mane to warn the animals not to eat before he gave his approval. All were silent.

Raqdii bay isku soo wareejiyeen oo wada dul
joogsadeen iyada oo mid kasta oo ka mid
ahi, si sabir badan ku sugayey in uu
cantuugo ama rudhmo uga helo
hilibka. In kasta oo gaajo haysey,
bahalna kuma dhiiran in uu
hilibka far saaro ama taabto,
inta libaaxa ogolaansho laga
helayo. Aarkii baa reemay oo
bulbusha ama giirka kiciyey
si uu ugu digo oo u cabsi
geliyo bahalaha intooda kale.
Dhamaan waa ay wada
hogteen iyaga oo aamusan oo
wada shib ah.

Picking the eldest of the hyenas, the lion ordered,
"You! Ali with the short leg, you suggest the best
way of dividing the meat among the clan."

Libaaxii waxuu u yeeray dhurwaagii waraabayaasha
ugu da' weynaa oo ku amray, "Adigu! Cali lug yare ka
tali sida ugu wanaagsan oo aad hilibka ugu qaybin
lahayd bahda habar dugaag."

The hyena moved forward. "Yes, my lord." He thought for a moment and said, "Of the whole camel, half and half: half is for our king." He cleared his throat and said, "And the other half is for the rest of us to divide fairly among us."

Dhurwaagii baa hore u soo dhaqaaqay, intuu wax yar fekerey ayuu yiri, "Haahey… boqorkaygiiyow ukuliyow." Maarkaas ayuu hakaday oo haddana hadalkii sii watay, "Hasha ma bar mise bar: bar boqorkaa leh." Waa xabeeb tirtay oo yiri, "Barna aan inteena kale si xaq ah u qaybsano."

The mighty lion suddenly jumped at
the old hyena and slapped his face.
The hyena's eye fell out of its socket.

Aarkii laxaadka lahaa ayaa intuu ku abraaray dhurwaagii waayeelka ahaa, dhabanaano wejiga kaga jiidey. Markaas ayaa ishii goonka ka soo boodey.

He limped away in disgrace and
the rest of the hyenas followed him.

Waraabihii baa ciil iyo ceeb la luuday, intii waraabayaal kale goobtaas joogteyna waa daba kaceen oo isagii raaceen.

The lion roared again and said, "You see, Ali the
hyena did not know the proper way of dividing the
meat among us." He glared at the other animals and
finally pointed to the fox. "You! Dayo the lady fox, let
us see if you do better than that unwise hyena in
dividing the meat."

Libaaxii baa inta uu mar kale reemay ayuu yiri, "Waa u jeedaan waraabihii Cali lug yare in uu kasi waayey sidii ugu wanaagsaneyd oo uu hilibka inoogu qaybin lahaa." Inta uu indha caddeyey oo galka ka soo saaray ayuu bahalihii isha wada mariyey markaas ayuu ugu danbayntii dawacadii u gacan haadiyey, "Adiga! Dayo marwo dawoco, bal aan ku eegno in aad waraabaha doqonka ah ku dhaantid qaybinta hilibka."

The fox crawled forward with fear and looked at the rest of the frightened beasts. She bowed before the king and whispered, "Very well, half and half: half of the camel meat will go to our great king. And the other half . . .," she paused as the lion interrupted her with a fierce look. But the fox quickly continued, "Of the other half, quarter and quarter: one quarter is also for our noble king. Of the other quarter, one-eighth and one-eighth: one-eighth is for the beloved king. Of the other eighth, one-sixteenth . . ."

Dawacadii baa iyada oo cabsanaysa soo gurguuratey, oo fiirisay
bahalihii oo baqdin la wada gariiraya. Waxay u rukuucday
boqorkii oo hoos u tiri, "Waa hagaag, hasha ma bar mise bar: bar
libaaxaa leh boqor keena buruudka weyn. Barka kale . . ." Libaaxii
baa si xun u fiiriyey oo hadalkii ka hakiyey. Lakiin dawacadii
degdeg bay hadalkii u sii wadatay, "Barka kale, ma waax mise
waax: waax boqorkeen mudan baa leh. Waaxda kalena ma rimic,
mise rimic: rimic boqorka aynu wada jecel nahay baa iska
leh. Sideed daloolka kale, lix iyo toban meelood . . ."

Before the fox finished her statement, the lion broke
out in laughter and all the other animals pretended to
join the laughter to please him. "... one-sixteenth is for
me too," he declared.

Dawacadii oo an oraahdii dhamayn, ayaa libaaxii
qosol ka wadhay, markaas baa bahalihii dhamaantood
qosolkii ku wada dareen iyaga oo isaga ku raali
gelinaya, "... jab lix iyo tobnaadna anigaa iska leh..."

Then the lion continued, "Wonderful! Lady fox, who taught you this proper way of dividing the meat?" The fox smiled, bowed before the king, and replied, "Your majesty, I have learned my lesson from the eye that is hanging from the hyena's cheek."

Libaaxii oo hadalkii sii wata ayaa yiri, "Waa amakaag iyo layaab eh! Yaa dayooy adiga qaybinta hilibka sidaa haboon kuu baray?"

Dawacadii inta ay ilka cadaysay, ayey boqorkii u rukuucday oo ku jawaabtey, "Boqorow, waxaan ku waana qaatay oo casharkaa ka bartay isha dhafoorka Cali ka laalaada."

The beasts groaned in low voices and now understood the
real meaning of the lion's share. The lion pulled away his
huge share into his den. The rest of the animals competed for
the leftovers. Although they all worked in hunting the camel,
most of them got very little to eat and were still hungry.

Dhamaan habar dugaag iyaga oo wada guuxay oo hoos u
wada gurxamay waxay garteen waxa dhab ahaan qayb libaax
macnaheedu yahay. Libaaxii baa godkiisa u jiitey tuludii geela
qaybtii weynayd ee uu ka qaatay. Inkasta oo ay bahaladaasu
ka wada hawl galeen ugaarsigii neefka geela ahaa, haddana
bahalaha intoodii kale waa ka qadeen oo waxa ay kala
boobeen feentii lafaha iyo hambadii libaaxa ka haray.

They left with grief and spread out in the forest, chanting:
"The lion's share is not fair, the lion's share is not fair."

Bahalihii waxa ay la luudeen ciil iyo urugo oo ku kala baaheen aydii, iyaga oo ku heesaya: "Qayb libaax garanoo, gar iyo daw ma aha, qayb libaax garanoo, gar iyo daw ma aha."

THE SOMALI BILINGUAL BOOK PROJECT

reflects the Minnesota Humanities Commission's commitment to promote and preserve heritage languages and increase English literacy skills of refugee and immigrant families. This collaborative project initially includes publication of four bilingual children's books for shared reading and a dual-language audio recording.
A portion of proceeds from sales of the books will support ongoing projects of the Minnesota Humanities Commission's Bilingual and Heritage Language Programs.

SAID SALAH AHMED was born in Somalia. He is an established poet, storyteller, playwright, filmmaker, and writer. A lifetime educator, he is currently a bilingual teacher and resides with his family in Minneapolis, Minnesota. This is his first children's book written in English.

KELLY DUPRE is an artist and writer. The natural environment and the art of indigenous cultures are her greatest influences. A former special education teacher, she lives in Grand Marais, Minnesota, with her husband. She is the author/illustrator of *The Raven's Gift, A True Story from Greenland.*

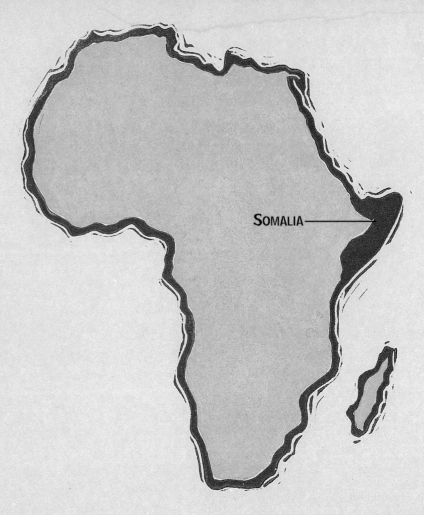

SOMALIA